LECTURES CLE EN FRANÇAIS FACILE

MADAME BOVARY

GUSTAVE FLAUBERT

Adapté en français facile
par Brigitte Faucard-Martinez

© CLE International, 2019
ISBN : 978-209-031137-2

GUSTAVE FLAUBERT naît à Rouen le 12 décembre 1821. Son père, médecin-chef de l'Hôtel-Dieu de Rouen, espère le voir suivre une carrière médicale, comme Achille son fils aîné. Mais il n'en est rien. Très tôt, le jeune Gustave montre une passion véritable pour la littérature.

En 1838, il écrit *Les Mémoires d'un fou*, récit autobiographique dans lequel il décrit sa folle passion pour Élisa Schlésinger.

En 1842, il part s'installer à Paris pour entreprendre des études de droit.

En 1844, il souffre d'une maladie nerveuse qui l'oblige à retourner à Rouen. Il s'installe alors dans la maison que son père a achetée à Croisset. À partir de cette date, il ne se consacre plus qu'à l'écriture et ne cesse son travail que pour se rendre à Paris (où il a une liaison avec la poétesse Louise Colet) ou pour voyager (il effectue entre autres, de 1849 à 1851, un voyage en Orient).

Parmi ses œuvres les plus célèbres, on peut citer : *Madame Bovary* (1857), *Salammbô* (1862), *L'Éducation sentimentale* (1869), *Bouvard et Pécuchet* (inachevé, 1881).

Il meurt d'une hémorragie cérébrale le 8 mai 1880.

* * *

En 1851, au retour de son voyage en Orient, Flaubert commence à rédiger *Madame Bovary*.

Pour réaliser cette œuvre, il s'inspire d'un fait divers : la vie de M. Delaunay, un ancien élève de son père. Cet homme, qui s'était installé comme médecin dans un village près de Rouen, avait épousé, en secondes noces, la fille d'un fermier qui, après une vie fort dissipée, s'était donné la mort en s'empoisonnant.

Dès sa parution, en 1857, ce roman provoque de fortes réactions.

Il vaut tout d'abord à Flaubert un procès pour offense à la morale publique, à la suite duquel il est acquitté ; puis il lui apporte une grande popularité car on voit dans *Madame Bovary* une œuvre pleine de réalisme et surtout une peinture critique des mœurs de province.

Les mots ou expressions suivis d'un astérisque* dans le texte sont expliqués dans le Vocabulaire, page 61.

PREMIÈRE PARTIE

*D*ÈS QU'IL EUT TERMINÉ ses études de médecine, Charles Bovary alla s'installer à Tostes. Peu après, il épousa la veuve d'un huissier*, une femme de quarante-cinq ans qui possédait une bonne rente¹.

En se mariant, Charles avait imaginé qu'il pourrait faire ce qu'il voudrait, mais il ne tarda pas à comprendre qu'il n'en serait rien. Sa femme était le maître ; il devait dire ceci, ne pas dire cela, s'habiller comme elle voulait, harceler² les clients qui ne payaient pas. Elle lisait ses lettres et l'écoutait à travers le mur, quand il donnait ses consultations à des femmes. Elle se plaignait toujours, elle était sans cesse malade. Le soir, quand Charles rentrait, elle sortait ses longs bras maigres de dessous ses draps et elle les lui passait autour du cou. Elle se mettait à pleurer, demandant un médicament pour sa santé et un peu plus d'amour.

---

1. Rente : argent que l'on perçoit périodiquement quand on possède un capital, un bien.
2. Harceler quelqu'un : le presser, le poursuivre pour arriver à ce que l'on veut.

Une nuit, vers onze heures, ils furent réveillés par le bruit d'un cheval qui s'arrêta juste devant la porte. La bonne* vint dire à M. Bovary qu'il devait se rendre au plus tôt à la ferme des Bertaux pour soigner une jambe cassée.

Charles répondit qu'il partirait au lever de la lune.

Vers quatre heures du matin, bien enveloppé dans son manteau, il se mit en route pour la ferme des Bertaux.

Quand il entra dans la cour de la ferme, une jeune femme en robe bleue vint le recevoir.

Charles monta au premier étage voir le malade. C'était un homme d'une cinquantaine d'années, gros et assez petit. La fracture était simple. Charles réconforta[1] le malade et lui soigna la jambe.

Quand il eut terminé, il fut invité par M. Rouault, son malade, à manger quelque chose avant de partir.

Charles descendit dans la salle, au rez-de-chaussée. Melle Emma Rouault, la jeune femme à la robe bleue, avait mis la table.

Tout en mangeant, on parla d'abord du père de la jeune fille, de sa jambe cassée, puis du temps qu'il faisait, des grands froids, des loups qui couraient dans les champs la nuit. Melle Rouault n'aimait pas beaucoup la campagne, sur-

---

1. Réconforter : redonner du courage, de la force à quelqu'un.

tout maintenant qu'elle devait s'occuper presque toute seule de la ferme. Tandis qu'elle parlait, Charles fut surpris par la blancheur de ses ongles ; sa main pourtant n'était pas belle, un peu trop longue, à son goût. Ce qu'elle avait de beau, en revanche, c'étaient ses yeux, des yeux noirs comme du jais[1] qui vous regardaient bien en face.

Charles monta dire adieu au père Rouault puis redescendit dans la salle. Il trouva Emma debout, le front appuyé contre la fenêtre. En entendant le bruit de ses pas, elle se retourna :

– Vous cherchez quelque chose ? demanda-t-elle.

– Ma cravache[2], s'il vous plaît, répondit-il.

Il se mit à chercher sur le lit. Elle était tombée par terre entre des sacs de blé et le mur. Emma la vit ; elle se pencha sur les sacs de blé. Charles se précipita pour la ramasser et, comme il tendait le bras, sa poitrine frôla le dos de la jeune femme. Emma se releva toute rouge et lui tendit sa cravache.

Au lieu de revenir à la ferme des Bertaux trois jours après, comme il l'avait promis, c'est le lendemain même que Charles y retourna. Puis il y alla deux fois par semaine, régulièrement, sans

---
1. Jais : pierre d'un noir brillant.
2. Cravache : baguette mince dont se servent les cavaliers pour faire avancer leur cheval.

compter les visites inattendues qu'il faisait parfois, comme par hasard.

Tout, du reste, alla bien ; au bout de quarante-six jours, le père Rouault essayait de marcher seul et considérait M. Bovary comme un grand médecin.

Quant à Charles, il ne se demandait jamais pourquoi il avait tant de plaisir à se rendre aux Bertaux. Ces jours-là, il se levait tôt, partait au galop et arrivait heureux à la ferme. Là, tout lui plaisait ; il aimait les écuries, il aimait parler avec le père Rouault et entendre le bruit des sabots[1] de Melle Emma quand elle marchait dans la cuisine.

Emma le reconduisait à la porte et le regardait s'éloigner.

Au début que Charles allait aux Bertaux, Mme Bovary demandait toujours des nouvelles du malade. Mais, un jour, elle apprit qu'il avait une fille fort bien éduquée et agréable à voir. Pour elle, ce fut le comble !

– C'est donc pour cela, se disait-elle, qu'il a l'air heureux quand il va la voir. Ah ! cette femme ! cette femme !

Et elle la détesta sans la connaître.

Elle se fâcha si fort que Charles finit par lui obéir et il ne retourna plus aux Bertaux.

Au début du printemps, Mme Bovary apprit

---

1. Sabots : chaussures des paysans faites en bois.

qu'elle était ruinée[1]. Elle ne put supporter ce coup du destin. Huit jours après, alors qu'elle étendait du linge, elle se mit à cracher du sang. Le soir même elle mourait.

Quand, après l'enterrement, Charles se retrouva seul, il fut empli d'une grande tristesse. Elle l'avait aimé, après tout.

Un matin, le père Rouault vint payer à Charles ce qu'il devait pour sa jambe cassée. Il avait appris la mort de sa femme et il chercha à le réconforter.

– Il faut réagir, monsieur Bovary; ça se passera! Venez nous voir; ma fille pense à vous de temps en temps, vous savez, et elle dit que vous l'oubliez.

Charles suivit son conseil. Il retourna aux Bertaux.

Il arriva un jour vers trois heures; tout le monde était aux champs. Il entra dans la cuisine. Emma, assise près de la fenêtre, cousait.

Elle lui proposa de boire quelque chose. Il refusa d'abord puis accepta.

Elle lui parla des maux de tête qu'elle avait parfois, lui demanda des conseils. Puis elle lui parla de son collège et lui montra ses anciens cahiers de musique, ses livres...

Le soir, quand il fut chez lui, Charles repensa à tout ce qu'elle avait dit. Puis il se demanda ce

---

1. Être ruiné : perdre tous ses biens, son argent.

qu'elle deviendrait si elle se mariait, et avec qui ? Hélas ! le père Rouault était bien riche, et elle... si belle !

La nuit, il ne dormit pas. Il voyait sans cesse le beau visage d'Emma et toujours dans sa tête cette petite phrase revenait : « Si tu te mariais, pourtant ! si tu te mariais ! »

Il décida alors de la demander en mariage dès que l'occasion se présenterait. Mais il retardait toujours le moment.

Le père Rouault se rendit bientôt compte que Charles rougissait en présence de sa fille.

– S'il me la demande, se dit-il un jour, je la lui donne.

Vers la fin du mois de septembre, Charles alla passer trois jours aux Bertaux. Le dernier jour, alors qu'il se promenait avec le père Rouault, la conversation s'engagea :

– Maître Rouault, murmura-t-il, je voudrais bien vous dire quelque chose.

Ils s'arrêtèrent. Charles se taisait.

– Mais racontez-moi votre histoire ! Je sais tout ! dit le père Rouault en riant.

– Père Rouault..., père Rouault, fit Charles.

– Moi, je suis d'accord. Mais il faut demander l'avis de la petite. Rentrez chez vous, je vais parler avec elle. Revenez nous voir demain.

Le lendemain, dès neuf heures, Charles était à la ferme. Emma rougit en le voyant. Le père

Rouault embrassa son futur gendre. On décida que le mariage aurait lieu vers le printemps de l'année suivante.

Pendant tout l'hiver, Melle Rouault s'occupa de son trousseau[1].

---

1. Trousseau : habits, linge (draps, nappes...) qu'emporte une jeune fille qui se marie.

Emma aurait aimé se marier à minuit, aux flambeaux[1]. Mais cette idée ne plut pas au père Rouault. Il y eut donc une noce traditionnelle, où vinrent quarante-trois personnes, où l'on resta seize heures à table, et qui recommença le lendemain et un peu les jours suivants.

Deux jours après la noce, les mariés s'en allèrent. M. et Mme Bovary arrivèrent à Tostes vers six heures du soir.

La bonne se présenta, s'excusa parce que le dîner n'était pas encore prêt et proposa à Madame, en attendant, de visiter la maison. En parcourant les différentes pièces, Emma se rendit compte qu'elle devait changer beaucoup de choses et elle se consacra à cette tâche pendant les premiers jours de son mariage.

Les jours passaient. Emma sentit très vite qu'elle se détachait de son mari. Elle trouvait sa conversation ennuyeuse ; elle pensait qu'il ne savait rien, qu'il ne désirait rien. Il la croyait heureuse et elle lui en voulait de son calme et de sa satisfaction.

Il rentrait tard, à minuit quelquefois. Alors, comme la bonne était couchée, c'était Emma qui le servait. Il parlait des malades qu'il avait visités et, satisfait de lui-même, il mangeait avec appétit,

---

1. Flambeau : bougie.

vidait sa carafe[1] de vin, allait se mettre au lit, se couchait sur le dos et ronflait.

Quand, lors de ses promenades, Emma pensait à sa vie, à Charles, elle ne cessait de se répéter :
– Pourquoi, mon Dieu, me suis-je mariée ?

Elle se disait qu'elle aurait pu rencontrer un autre homme, beau, distingué, attirant. Elle se sentait de plus en plus insatisfaite et méprisait Charles.

Vers la fin de septembre, quelque chose d'extraordinaire se passa dans sa vie. Charles et elle furent invités à un bal, au château de la Vaubyessard, chez le marquis d'Andervilliers.

Un mercredi, à trois heures, M. et Mme Bovary, montés dans leur voiture, partirent pour le château. Ils arrivèrent à la tombée de la nuit, au moment où on allumait des lampes dans le parc pour éclairer les voitures.

La voiture de Charles s'arrêta devant l'escalier du château. Le marquis s'avança et, offrant son bras à la femme du médecin, il la conduisit jusqu'au salon. Là, une des dames se leva (la marquise elle-même), vint trouver Emma et la fit asseoir près d'elle, sur un divan, où elle se mit à lui parler amicalement, comme si elle la connaissait depuis toujours.

À sept heures, on servit le dîner, un repas

---

1. Carafe : récipient en verre où l'on met du vin, de l'eau...

exquis plein de mets exotiques. À la fin du dîner, on but du champagne glacé. Emma frissonna de toute sa peau en sentant ce froid dans sa bouche.

Les dames, ensuite, montèrent dans leurs chambres s'habiller pour le bal.

Emma disposa ses cheveux selon les recommandations du coiffeur et elle mit une magnifique robe.

Le pantalon de Charles le serrait au ventre.

– Je vais être gêné pour danser, dit-il.

– Danser ? reprit Emma. Mais tu as perdu la tête ! On se moquerait de toi. Reste à ta place, je t'en prie.

Charles se tut. Il marchait de long en large pendant qu'Emma finissait sa toilette.

Il la voyait par-derrière, dans la glace. Ses beaux yeux semblaient plus noirs encore.

Il vint l'embrasser sur l'épaule.

– Laisse-moi ! dit-elle, tu vas froisser[1] ma robe.

On entendit alors la musique des violons. Emma descendit l'escalier lentement, en se retenant pour ne pas courir. Elle se plaça près de la porte, sur un divan.

Elle ne savait pas valser. Tout le monde valsait.

Cependant, un des danseurs, qu'on appelait *vicomte*, vint l'inviter en lui assurant qu'elle danserait très bien. Ils commencèrent lentement,

---

1. Froisser : faire de vilains plis.

puis ils allèrent plus vite. Ils tournaient ; tout tournait autour d'eux : les lampes, les meubles, le parquet. En passant près des portes, le bas de la robe d'Emma frôlait le pantalon du vicomte ; leurs jambes entraient l'une dans l'autre ; il baissait ses yeux vers elle, elle levait les siens vers lui. Elle était haletante[1], elle pensait qu'elle allait tomber. Il la reconduisit doucement à sa place ; elle appuya sa tête contre le mur et ferma les yeux. Quand elle les rouvrit, elle vit que le vicomte dansait avec une autre dame.

Il fallut aller se coucher. Emma s'obligea à rester éveillée pour ne rien perdre de cette vie merveilleuse qu'elle allait bientôt devoir abandonner.

Le lendemain, après le déjeuner, les époux Bovary firent leurs adieux au marquis et à la marquise et repartirent pour Tostes. Quand ils arrivèrent chez eux, le dîner n'était point prêt. Madame se fâcha. La bonne lui répondit mal.

– Partez ! cria Emma.

Et elle la renvoya.

Le lendemain, la journée fut longue. Emma se rappelait tous les détails du jour du bal. Ce souvenir l'occupa pendant plusieurs semaines, puis elle commença à sombrer dans la mélancolie[2].

Elle remplaça la bonne par une jeune fille de

---

1. Être haletant : avoir une respiration précipitée.
2. Mélancolie : état de tristesse accompagné de rêverie.

quatorze ans, douce et tranquille, Félicité, qui obéissait sans jamais protester.

Elle restait souvent enfermée dans sa chambre. Elle lisait un peu puis se mettait à rêver. Elle désirait à la fois mourir et habiter Paris, ville où, pensait-elle, tous les désirs se réalisaient.

Chaque matin, à son réveil, elle croyait que la journée serait différente de celle de la veille, qu'il allait se passer quelque chose. Mais rien n'arrivait. L'avenir était un couloir tout noir et qui avait au fond sa porte bien fermée. Elle devint bientôt difficile et capricieuse. Elle se commandait des plats pour elle et n'y touchait pas ; un jour, elle ne buvait que du lait pur et, le lendemain, une douzaine de tasses de thé. Elle méprisait de plus en plus son mari et elle avait des pensées étranges. Elle pâlissait et souffrait de battements de cœur. Certains jours, elle parlait sans cesse et, d'autres, elle restait sans parler et sans bouger.

Comme elle se plaignait de Tostes continuellement, Charles pensa qu'elle serait sans doute en meilleure santé s'ils allaient vivre ailleurs.

Il apprit qu'à Yonville-l'Abbaye on avait besoin d'un médecin. Il écrivit au pharmacien de l'endroit pour savoir ce qu'il en était. Comme les réponses étaient satisfaisantes, il décida d'aller s'y installer au printemps.

Quand on partit de Tostes, au mois de mars, Mme Bovary était enceinte.

DEUXIÈME PARTIE

L'Hirondelle, la voiture qui conduisait les époux Bovary, avec d'autres voyageurs, à Yonville, s'arrêta sur la place du village. Emma descendit la première, puis Félicité, enfin M. Lheureux, un marchand d'étoffes*, et l'on fut obligé de réveiller Charles qui dormait depuis que la nuit était tombée.

Homais, le pharmacien à qui Charles avait écrit pour se renseigner sur Yonville, vint au-devant du médecin et se présenta. Puis il accompagna Charles et Emma à l'auberge du village, où ils allaient souper.

Quand Mme Bovary fut dans la cuisine, elle s'approcha de la cheminée pour se réchauffer un peu.

De l'autre côté de la cheminée, un jeune homme à la chevelure blonde la regardait silencieusement.

Comme il s'ennuyait beaucoup à Yonville, où il était clerc* de notaire*, M. Léon Dupuis retardait souvent l'heure de son dîner, espérant la venue d'un voyageur avec qui il pourrait causer. C'est donc avec joie qu'il accepta la proposition de

l'aubergiste* de dîner avec les nouveaux venus.
Ils passèrent tous dans la salle à manger et ils se mirent à table.
– Madame est sans doute un peu fatiguée? demanda Homais à Emma. On est si mal installé dans notre *Hirondelle* !
– C'est vrai, dit Emma; mais peu importe, j'aime tant changer de place.
– C'est une chose épouvantable, soupira le clerc, que de rester toujours cloué aux mêmes endroits.
Pendant le dîner, l'apothicaire* se mit à parler avec Charles de la vie du village et des différents problèmes médicaux à traiter.
Quant à Emma, elle entra en conversation avec M. Léon.
– Avez-vous quelques promenades dans les environs? demanda-t-elle au jeune homme.
– Oh! très peu, répondit-il. Il y a un endroit, près du bois, que l'on nomme la Pâture. Quelquefois, le dimanche, je vais là, et j'y reste avec un livre, à regarder le soleil couchant.
– Rien n'est plus beau que les soleils couchants, reprit-elle, mais au bord de la mer, surtout.
– Oh! j'adore la mer, dit M. Léon. Et également les paysages de montagnes. Je comprends ce musicien célèbre qui, pour mieux stimuler son imagination, avait l'habitude d'aller jouer du piano devant un paysage grandiose.

– Vous jouez de la musique ? demanda Emma.
– Non, mais je l'aime beaucoup, répondit-il.
– Ah ! ne l'écoutez pas, madame Bovary, interrompit Homais, il est trop modeste. Comment, mon cher ! Eh ! l'autre jour, dans votre chambre, vous chantiez *L'Ange gardien* avec tant de passion qu'on aurait dit un véritable acteur.

Léon, en effet, vivait chez le pharmacien, où il avait une petite pièce au second étage, qui donnait sur la place.

Le dîner se déroula de la sorte, Emma conversant avec Léon et Charles avec Homais.

Trois heures plus tard, les époux Bovary se rendirent dans leur maison qui se trouvait à cinquante pas de l'auberge.

Emma se sentait bien. Le changement et la conversation avec M. Léon lui avaient redonné foi en la vie.

Le lendemain, à son réveil, elle vit le clerc sur la place. Elle était en peignoir[1]. Il leva la tête et la salua. Elle fit une inclination rapide et referma la fenêtre.

L'apothicaire se montra un excellent voisin. Il renseigna Mme Bovary sur tous les fournisseurs*; il apportait tous les matins le journal à Charles et, l'après-midi, il quittait parfois la pharmacie pour aller bavarder un moment avec lui.

---

1. Peignoir : vêtement dont on se couvre en sortant du bain.

Mais Charles était triste : les clients ne venaient pas et les affaires d'argent commençaient à le préoccuper. Il avait fait beaucoup de dépenses pour le déménagement et l'installation à Yonville. Une seule chose lui redonnait un peu de joie, c'était de savoir qu'il allait bientôt être père.

Emma désirait avoir un fils; il serait fort et brun et elle l'appellerait Georges.

Elle accoucha un dimanche, vers six heures du matin.

– C'est une fille! dit Charles.

Elle tourna la tête et s'évanouit.

On nomma l'enfant Berthe et elle fut mise en nourrice* chez la femme du menuisier*.

Un jour, Emma fut prise tout à coup du besoin de voir sa petite fille. Elle se mit donc en route vers la maison du menuisier, qui se trouvait à la sortie du village.

Il était midi. Un vent lourd soufflait. Emma se sentait faible en marchant.

À ce moment, M. Léon sortit d'une porte voisine. Il vint la saluer.

Mme Bovary dit qu'elle allait voir sa fille mais qu'elle commençait à être fatiguée.

– Si..., fit Léon, n'osant poursuivre.

– Avez-vous affaire quelque part? demanda-t-elle.

Et, le clerc lui ayant répondu négativement, elle lui demanda de l'accompagner.

Pour arriver chez la nourrice, il fallait suivre entre des maisonnettes et des cours un petit chemin bordé de troènes[1]. Ils marchaient tous les deux côte à côte ; Emma s'appuyait sur M. Léon. Après leur visite chez la nourrice, ils revinrent à Yonville en suivant le bord de l'eau. Ils causaient de tout, de la beauté de la nature, de la danse, de la musique. Leurs âmes semblaient se comprendre. Quand ils furent arrivés devant son jardin, Mme Bovary poussa la petite barrière, monta les marches en courant et disparut.

Le dimanche, M. Homais organisait des soirées chez lui avec les époux Bovary. Le clerc ne manquait pas d'y aller. Dès qu'il entendait la sonnette, il courait au-devant de Mme Bovary et l'accompagnait jusqu'au salon.

On faisait d'abord quelques parties de trente et un[2] ; ensuite, Homais jouait à l'écarté[3] avec Emma ; Léon, derrière elle, lui donnait des conseils. Debout et les mains sur le dossier de sa chaise, il ne cessait d'admirer sa belle chevelure. Lorsque la partie de cartes était finie, l'apothicaire et le médecin jouaient aux dominos. Emma, changeant de place, se mettait à feuilleter son

---

1. Troène : arbuste à fruits noirs.
2. Trente et un : jeu de cartes où l'on doit faire 31 points avec trois cartes pour gagner.
3. Écarté : jeu de cartes où chaque joueur peut, si son adversaire est d'accord, mettre de côté les cartes qui ne lui plaisent pas et en recevoir d'autres.

journal de mode. Léon s'installait près d'elle ; ils regardaient ensemble les illustrations. Souvent Emma le priait de lui dire des vers. Léon les déclamait[1] d'un ton passionné.

Léon comprit très vite qu'il mourait d'amour pour Emma. Il voulait lui faire sa déclaration mais ne savait pas comment s'y prendre. Il avait si peur de lui déplaire. Parfois, il lui écrivait des lettres, mais il les déchirait presque aussitôt.

Quant à Emma, elle ne se demandait pas si elle l'aimait. Elle avait plaisir à être en sa compagnie et à converser[2] avec lui et rien de plus.

Pourtant, un dimanche de février, elle se rendit compte que les choses allaient plus loin.

Ils étaient tous, M. et Mme Bovary, Homais et son épouse et M. Léon, partis voir, à quelques kilomètres d'Yonville, une filature* de lin[3].

Homais parlait. Il expliquait à tous l'importance de cet établissement pour l'avenir.

Emma lui donnait le bras. Charles était là, près d'elle. Soudain, elle se mit à l'observer ; il avait sa casquette enfoncée sur les sourcils, ce qui donnait à son visage une expression particulièrement stupide. Tout en lui l'irritait.

Pendant qu'elle l'examinait ainsi, Léon s'avan-

---

1. Déclamer : dire à haute voix des vers, en y mettant le ton.
2. Converser : discuter.
3. Lin : plante à fleurs bleues que l'on cultive pour fabriquer du fil avec sa tige.

ça d'un pas. Emma vit ses cheveux blonds, et son grand œil bleu levé vers le ciel lui parut plus beau et plus clair que ces magnifiques lacs de montagne. Le contraste entre les deux hommes était pour elle insupportable. Elle se mit à mépriser Charles plus encore.

Le soir, quand ils furent rentrés chez eux, elle n'alla pas chez Homais. Elle monta dans sa chambre et pensa à Léon. Elle le trouvait vraiment charmant; elle se rappela des phrases qu'il avait dites, le son de sa voix, toute sa personne; elle se répétait, en avançant les lèvres comme pour donner un baiser :

– Oui, charmant! charmant!... Il doit aimer, j'en suis sûre, se dit-elle. Qui donc?... mais c'est moi!

Tout devint clair pour elle. Ses attitudes, ses phrases, ses gestes.

– Oh! pourquoi ne l'ai-je pas connu plus tôt?

À partir de ce jour, elle devint différente avec Léon. Elle désirait de toute son âme qu'il lui avoue son amour mais elle se montrait plus distante et plus froide qu'avant.

Quand il venait lui rendre visite, elle prenait un ouvrage de couture et travaillait sans parler. Léon, blessé par son silence, se demandait :

– En quoi lui déplais-je?

Elle lui paraissait maintenant si inaccessible que tout espoir d'être aimé l'abandonna.

Un jour, fatigué d'aimer sans résultat, lassé

d'Yonville et des Yonvillais, il décida de changer de vie et de partir à Paris finir ses études de droit.

Lorsque le moment du départ fut venu, il alla faire ses adieux aux époux Bovary.

Quand il entra dans le salon, Emma se leva vivement.

– C'est encore moi! dit Léon.

– J'en étais sûre!

Elle se mordit les lèvres et devint rouge de la racine des cheveux jusqu'au col de sa robe.

– Monsieur n'est donc pas là? fit Léon.

– Il est absent.

Léon tenait sa casquette à la main et la battait doucement contre sa cuisse.

– Il va pleuvoir, dit Emma.

– J'ai un manteau, répondit-il.

– Ah!

Il y eut un long silence.

– Allons, adieu! soupira-t-il.

– Oui, adieu... partez!

Ils s'avancèrent l'un vers l'autre : il tendit la main, elle hésita puis lui donna la sienne.

Léon aurait voulu la garder pour toujours entre les siennes. Mais il ouvrit la main; leurs yeux se rencontrèrent, et il disparut.

Le lendemain fut, pour Emma, une journée funèbre[1]. Il était parti, le seul charme de sa vie,

---

1. Funèbre : sinistre, qui évoque la mort.

le seul espoir possible d'être heureuse! Pourquoi n'avait-elle pas saisi ce bonheur-là? Pourquoi n'avait-elle pas retenu Léon? Elle eut alors envie de courir le rejoindre, de se jeter dans ses bras et de lui dire : « C'est moi, je suis à toi! » Mais elle savait qu'elle ne le ferait pas.

Alors les mauvais jours de Tostes recommencèrent. Elle se sentait encore plus malheureuse qu'alors.

Elle se mit à dépenser sans compter. M. Lheureux, le marchand d'étoffes, qui était souvent venu la voir sans succès, trouva enfin en elle une excellente cliente.

Un jour qu'elle était accoudée à sa fenêtre et qu'elle s'amusait à regarder passer les gens, elle aperçut un monsieur vêtu d'une redingote[1] de velours vert, suivi d'un paysan qui marchait la tête basse.

– Puis-je voir Monsieur ? demanda-t-il à Félicité qui bavardait avec Justin, l'aide-pharmacien, sur le seuil de la maison. Dites-lui que Monsieur Rodolphe Boulanger, de la Huchette, est là.

La Huchette était un domaine[2], près d'Yonville, dont il venait d'acquérir le château, avec deux fermes qu'il cultivait lui-même. Il vivait seul et était, disait-on, fort riche.

On le fit entrer. Charles se présenta aussitôt.

M. Boulanger lui expliqua qu'il devait faire une saignée[3] à son homme.

Bovary prépara son matériel et demanda à Justin, qui était entré avec tout le monde, de l'aider à soutenir la cuvette pendant qu'il piquait le patient. Mais en voyant le sang jaillir, l'impression

---

1. Redingote : longue veste que portaient les hommes.
2. Domaine : propriété.
3. Faire une saignée : piquer une veine pour faire couler une certaine quantité de sang. À l'époque, c'était une pratique courante pour soigner toutes sortes de maladies. On pensait qu'en éliminant du sang on se débarrassait ainsi de la cause de la maladie.

fut si grande que le paysan et Justin s'évanouirent.
— Ma femme! ma femme! appela Charles.

Emma descendit aussitôt l'escalier et aida Charles à ranimer les deux hommes, avec le secours de M. Boulanger.

Quand tout fut arrangé, M. Boulanger partit avec son homme après avoir salué et payé Charles.

En chemin vers la Huchette, il repensa à l'incident et surtout à Emma.

— Elle est fort gentille, cette femme du médecin! se disait-il. De belles dents, les yeux noirs, une belle allure. D'où diable sort-elle et où donc a-t-elle trouvé ce mari? Il a l'air si bête!

Il continua à avancer dans la campagne et le visage d'Emma se présentait toujours dans sa pensée.

— Oh! je l'aurai! s'écria-t-il. Mais où se rencontrer? Par quel moyen? Parbleu, les comices agricoles[1] auront bientôt lieu à Yonville; elle y sera, je la verrai. Nous commencerons alors...

Les comices arrivèrent enfin.

Emma apparut soudain sur la place au bras de Boulanger. Lheureux les accompagnait.

— Voici une journée superbe ! Tout le monde est dehors! disait Lheureux.

Mme Bovary et Rodolphe lui répondaient à peine.

---

1. Comices agricoles : réunion d'agriculteurs d'une région ; occasion pour le village d'organiser des fêtes.

Tout à coup, au lieu de suivre la route pour aller voir les animaux, Rodolphe, entraînant Emma, prit un sentier et cria :
– Bonsoir, monsieur Lheureux ! Au plaisir !
– Comme vous l'avez congédié ! dit Emma en riant.
– Pourquoi, reprit-il, se laisser envahir par les autres ? et, puisque, aujourd'hui, j'ai le bonheur d'être avec vous...
Emma rougit. Il ne termina pas sa phrase.
Ils arrivèrent dans le pré où se trouvaient les animaux. Il y avait beaucoup de monde. Rodolphe examina les bêtes puis bavarda avec le président des comices.
Tout à coup, quelqu'un cria que Monsieur le préfet* arrivait. On se précipita vers la place du village pour écouter son discours.
Rodolphe et Emma suivirent la foule. Mais, arrivés à la mairie, Rodolphe fit monter Emma au premier étage, dans une salle vide, en lui déclarant qu'ils seraient beaucoup plus à l'aise pour écouter le discours et profiter du spectacle.
Monsieur le préfet commença à parler.
– Je devrais me reculer un peu, dit Rodolphe.
– Pourquoi ? dit Emma.
– C'est qu'on pourrait m'apercevoir d'en bas, et je devrais donner des excuses pendant quinze jours, et avec ma mauvaise réputation...
– Oh ! vous exagérez, dit Emma.

– Non, non, elle est épouvantable, je vous jure. Mais peut-être a-t-on raison...
– Comment cela ?
– Eh quoi ! dit-il, vous ne savez pas qu'il y a des âmes sans cesse tourmentées, qui ne rêvent que d'action et de passion et qui se jettent dans toutes sortes de folies.
Emma le regarda comme on contemple un voyageur qui a passé par des pays extraordinaires, et elle reprit :
– Nous n'avons pas même cette distraction, nous autres pauvres femmes !
– Triste distraction, car on n'y trouve pas le bonheur.
– Mais le trouve-t-on un jour ? demanda-t-elle.
– Oui, il se rencontre, répondit-il, tout à coup et quand on n'y croyait plus. C'est comme une voix qui crie : « Le voilà ! » Vous sentez alors le besoin de tout donner à cette personne. Enfin, il est là, ce trésor que l'on a tant cherché, là, devant vous ; il brille, il étincelle et nous éblouit.
Et, en disant cela, Rodolphe se passa la main sur le visage comme s'il était lui-même ébloui et il la laissa retomber sur celle d'Emma. Elle ne la retira pas.
Il y eut un long silence puis il reprit :
– Jamais, croyez-moi, je n'ai rencontré une personne aussi charmante que vous... Je voudrais

rester des heures, des jours, toute ma vie auprès de vous.

Et il serra sa main dans la sienne. Elle fit un mouvement des doigts comme si elle répondait à sa pression.

– Oh! merci ! Vous ne me repoussez pas ! Vous êtes bonne! Vous comprenez que je suis à vous ! Laissez-moi vous regarder, vous contempler...

Les discours prirent fin. Il fallut quitter la mairie. Mme Bovary prit le bras de Rodolphe; il la reconduisit chez elle et ils se séparèrent devant sa porte.

Six semaines s'écoulèrent. Rodolphe ne revint pas.

– N'y retournons pas tout de suite, s'était-il dit, ce serait une erreur. Si du premier jour elle m'a aimé, elle doit, par l'impatience de me revoir, m'aimer davantage.

Et il comprit que son calcul était bon lorsque, en entrant chez Emma, il la vit pâlir.

Elle était seule.

Rodolphe resta debout; c'est à peine si Emma répondait à ses premières phrases de politesse.

– Moi, dit-il, j'ai eu des affaires. J'ai été malade.

– Gravement? s'écria-t-elle.

– Eh bien! fit Rodolphe en s'asseyant près d'elle sur un tabouret, non!... C'est que je n'ai pas voulu revenir.

– Pourquoi?

– Vous ne devinez pas?

Il la regarda d'une façon si violente qu'elle baissa la tête en rougissant.

– Emma...

– Monsieur! fit-elle en s'écartant un peu.

Il se cacha la figure entre les mains.

– Oui, je pense à vous continuellement!... Je ne peux vous oublier. Ah! pardon!... Je vous quitte...

Adieu !... J'irai loin... si loin, que vous n'entendrez plus parler de moi !... Et cependant..., aujourd'hui..., je ne sais quelle force m'a poussé vers vous ! On se laisse entraîner par ce qui est beau, charmant, adorable !

C'était la première fois qu'Emma s'entendait dire ce genre de choses ; elle était ravie et se laissait doucement envahir par la chaleur de ce langage.

– Mais si je ne suis pas venu, si je n'ai pu vous voir, ah ! du moins j'ai contemplé ce qui vous entoure. Toutes les nuits, je me relevais, j'arrivais jusqu'ici et je regardais votre maison. Ah ! vous ne saviez pas qu'il y avait là, si près et si loin, un pauvre misérable...

Elle se tourna vers lui avec un sanglot[1].

– Oh ! vous êtes bon ! dit-elle.

– Non, je vous aime, voilà tout ! Vous n'en doutez pas ! Dites-le-moi ; un mot ! un seul mot !

Et Rodolphe se laissa glisser du tabouret jusqu'à terre. Mais on entendit un bruit de sabots dans la cuisine et il se releva.

Charles entra dans la salle.

– Bonjour, docteur, lui dit Rodolphe. Madame me parlait de sa santé...

Charles l'interrompit : il était en effet inquiet ;

---

1. Sanglot : respiration brusque et bruyante qu'on émet lorsqu'on va pleurer.

les angoisses de sa femme recommençaient. Alors Rodolphe demanda si l'exercice du cheval ne serait pas bon.
– Certes! excellent, parfait!... Voilà une idée! Tu devrais la suivre.
Rodolphe offrit à Emma de lui prêter un cheval puis il partit.
Une fois seule avec Charles, Emma chercha mille excuses pour ne pas accompagner Rodolphe.
– Tu as tort, dit Charles, la santé avant tout!
– Comment veux-tu que je monte à cheval puisque je n'ai pas d'amazone[1]?
– Il faut t'en commander une! répondit-il.
L'amazone la décida.
Quand le costume fut prêt, Charles écrivit à M. Boulanger que sa femme était à sa disposition.
Le lendemain, à midi, Rodolphe se présenta devant la porte des Bovary avec deux magnifiques chevaux. Emma l'attendait.
Ils suivirent en galopant un chemin bordé d'arbres puis entrèrent dans la forêt. Ils descendirent. Rodolphe attacha les deux chevaux et ils se mirent à marcher. Emma allait devant. Soudain, elle s'arrêta.
– Je suis fatiguée! dit-elle.
– Allons, essayez encore! répondit-il. Du courage!

---

1. Amazone : habit porté par les femmes qui montent en amazone, c'est-à-dire avec les deux jambes du même côté du cheval.

Puis, cent pas plus loin, elle s'arrêta de nouveau.
— Où allons-nous donc ?
Il ne répondit rien. Elle respirait d'une façon saccadée. Rodolphe jetait les yeux autour de lui et il se mordait la moustache. Ils arrivèrent à un endroit large où on avait abattu des arbres. Ils s'assirent sur un tronc et Rodolphe se mit à parler à Emma de son amour pour elle. Emma l'écoutait la tête basse et tout en remuant des copeaux[1] avec le bout de son pied.
— Nos vies sont désormais liées l'une à l'autre...
— Non ! répondit Emma. Vous le savez bien, c'est impossible !
Elle se leva pour partir. Il la saisit au poignet. Elle s'arrêta. Puis, l'ayant regardé quelques minutes d'un œil amoureux et humide, elle dit vivement :
— Ah ! tenez, n'en parlons plus... Où sont les chevaux ? Partons.
Il eut un geste de colère et d'ennui. Elle répéta :
— Où sont les chevaux ? Où sont les chevaux ?
Alors souriant d'un sourire étrange, les dents serrées, il s'avança en écartant les bras.
Elle se recula, tremblante. Elle balbutiait[2] :
— Oh ! vous me faites peur ! Partons.

---

1. Copeaux : petits morceaux de bois qui se sont détachés des arbres quand on les a coupés.
2. Balbutier : articuler les mots d'une façon hésitante, avec difficulté.

– Puisqu'il le faut, reprit-il en changeant de visage.

Et il redevint aussitôt respectueux et timide. Elle lui donna son bras. Ils s'en retournèrent près des chevaux.

– Oh! dit Rodolphe, ne partons pas! Restez.

Il l'entraîna plus loin, près d'un étang.

– J'ai tort, j'ai tort, disait Emma. Je suis folle de vous écouter.

– Pourquoi?... Emma! Emma!

– Oh! Rodolphe!... fit lentement la jeune femme en se penchant sur son épaule.

Le tissu de son habit s'accrochait au velours du costume de Rodolphe. Elle renversa son beau cou blanc et, avec un long frémissement et se cachant la figure, elle s'abandonna.

Ce soir-là, quand elle rentra, Charles lui trouva bonne mine.

Après le dîner, il sortit. Emma monta aussitôt s'enfermer dans sa chambre.

Elle se regarda dans la glace. Elle fut étonnée de son visage. Jamais elle n'avait eu les yeux si grands, si noirs, d'une telle profondeur. Elle était transfigurée[1].

Elle se répétait : « J'ai un amant! un amant ! » Elle allait donc posséder enfin ces joies de l'amour qu'elle ne pensait jamais connaître.

---

1. Transfigurer : transformer en donnant une plus grande beauté.

À partir de ce jour, Emma et Rodolphe se virent le plus souvent possible et s'écrivirent régulièrement tous les soirs.

Un matin que Charles était sorti dès l'aube, Emma eut envie de voir Rodolphe à l'instant. Elle s'habilla rapidement et, passant par les prés, elle gagna la Huchette. Elle entra dans le château, monta un escalier et ouvrit la porte d'une chambre. Elle aperçut un homme qui dormait. C'était Rodolphe. Elle poussa un cri.

– Te voilà ! te voilà ! répéta-t-il. Comment as-tu fait pour venir ?... Ah ! ta robe est toute mouillée !

– Je t'aime ! répondit-elle en lui passant les bras autour du cou.

Cette première folie lui ayant réussi, elle continua sur cette route.

Elle faisait venir Lheureux et lui commandait toutes sortes d'étoffes pour changer le plus souvent possible de parures[1]. Elle fit des cadeaux à Rodolphe. Lheureux lui présentait les factures, elle ne pouvait pas payer. Lheureux était complaisant, elle payerait plus tard.

Bientôt, pourtant, elle ne supporta plus de devoir cacher sa liaison avec Rodolphe. Elle voulait vivre librement son grand amour.

– Un amour comme le nôtre devrait s'avouer, Rodolphe ! lui dit-elle un jour. Je ne supporte

---

1. Parure : beau vêtement.

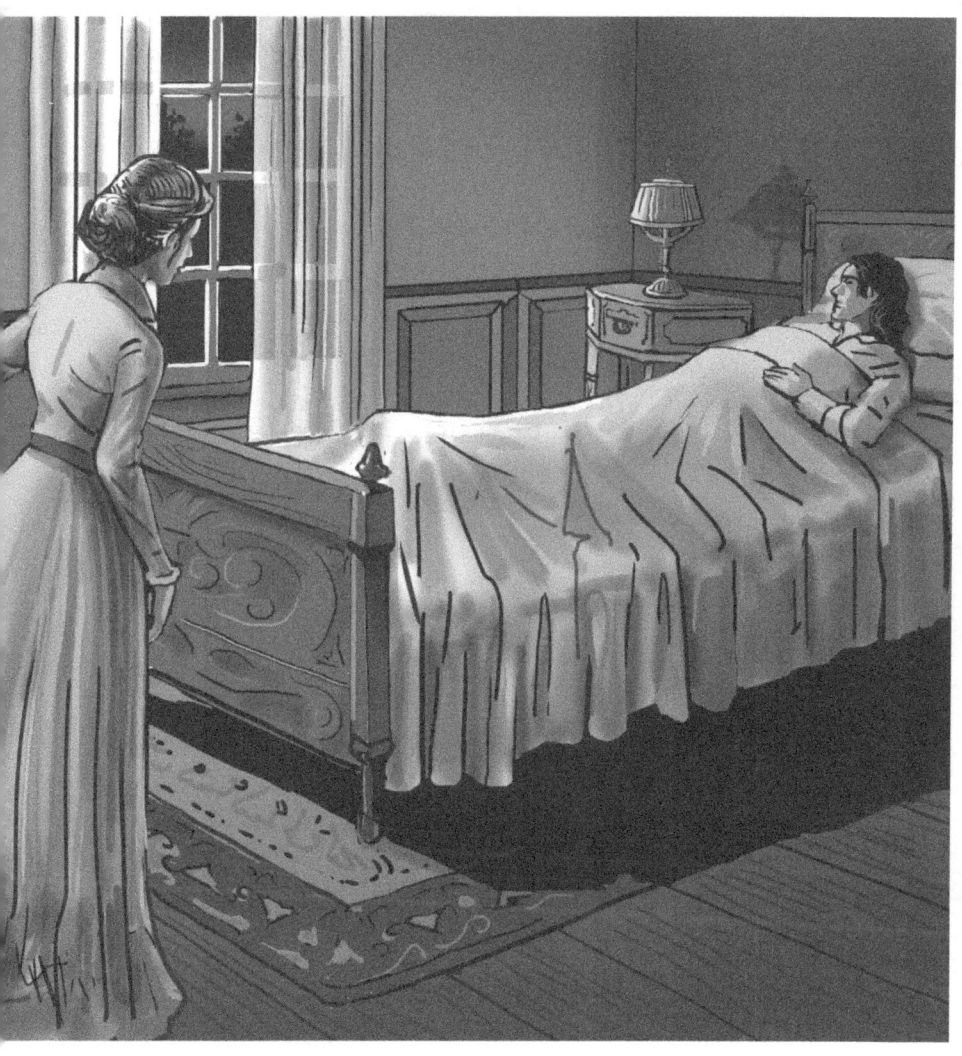

plus de vivre ainsi! Sauve-moi!

Et, en parlant ainsi, elle se serrait contre lui. Ses yeux pleins de larmes étincelaient. Elle n'avait

jamais été aussi belle ; jamais il ne l'avait tant aimée ; si bien qu'il en perdit la tête et qu'il lui dit :
– Que faut-il faire ? Que veux-tu ?
– Emmène-moi ! s'écria-t-elle. Enlève-moi !... Oh ! je t'en supplie.
– Mais..., reprit Rodolphe.
– Quoi donc ?
– Et ta fille ?
Elle réfléchit quelques minutes, puis répondit :
– Nous la prendrons, tant pis !
Mais il était tard, elle devait rentrer.
– Quelle femme ! se dit Rodolphe en la regardant s'éloigner.
Emma se mit donc à faire en cachette les préparatifs de son départ. Elle commanda à Lheureux un grand manteau doublé et une malle.
Leur départ devait avoir lieu quinze jours plus tard. Enfin le samedi, l'avant-veille du départ, arriva. Quand ils se retrouvèrent le soir, Emma demanda à Rodolphe :
– Tout est-il prêt ?
– Oui.
– Tu es triste, dit Emma.
– Non, pourquoi ?
Et cependant, Rodolphe la regardait d'une façon étrange.
– Est-ce de t'en aller ? reprit-elle, de quitter ta vie ? Ah ! je comprends... Mais, moi, je n'ai rien au monde ! tu es tout pour moi. Aussi serai-je

tout pour toi, je serai une famille, une patrie : je te soignerai, je t'aimerai.

– Que tu es charmante! lui dit-il en l'embrassant.

Minuit sonna.

– Minuit! dit-elle. Allons, c'est demain! encore un jour!

Rodolphe devait partir.

– C'est à l'hôtel de Provence, n'est-ce pas, que tu m'attendras!... à midi?

Il fit un signe de tête.

– À demain, donc! dit Emma.

Et elle le regarda s'éloigner.

Tandis qu'il marchait vers la Huchette, Rodolphe se disait :

– Non, décidément, je ne peux pas m'expatrier, et encore moins avoir la charge d'un enfant. Dommage, c'était une bien jolie maîtresse!

Le lendemain matin, Mme Bovary était en train d'arranger avec Félicité un paquet de linge dans la cuisine quand le serviteur de M. Boulanger se présenta.

– Voilà ce que notre maître vous envoie, lui dit-il en lui tendant un panier plein d'abricots.

Emma eut un mauvais pressentiment. C'était par ce moyen que Roldolphe lui faisait parvenir ses lettres. Elle courut dans la salle comme pour y porter les abricots, renversa le panier et trouva une lettre. Elle l'ouvrit, elle lut. Rodolphe partait,

Rodolphe la quittait, pourquoi ? pourquoi ? Alors, comme s'il y avait eu derrière elle un horrible incendie, elle se mit à fuir vers sa chambre, épouvantée.

Charles y était, elle l'aperçut ; il lui parla, elle n'entendit rien, et elle continua à monter les marches, toujours la lettre à la main, jusqu'au grenier. Elle poussa la porte et entra.

Elle s'appuya sur le bord de la fenêtre ouverte et relut la lettre en ricanant de colère. Elle le revoyait, elle l'entendait, elle sentait ses bras autour d'elle. Elle cessa de lire, regarda par la fenêtre et ses yeux virent les pavés de la place.

Pourquoi ne pas en finir ? Qui la retenait ? Elle était libre.

– Allons ! allons !, se dit-elle.

C'est alors qu'elle entendit Charles crier :

– Ma femme ! ma femme ! Où es-tu donc ? Arrive, nous allons déjeuner !

Il fallut descendre ! Il fallut se mettre à table !

Elle ne mangea presque rien et ne parla pas durant tout le repas.

Pour le dessert, la bonne apporta les abricots. Charles en prit un et le mordit.

– Oh ! parfait ! dit-il. Tiens, goûte.

Et il tendit le panier à Emma.

– J'étouffe ! s'écria-t-elle en se levant d'un bond.

Elle se calma et regarda par la fenêtre. C'est alors qu'elle vit passer une voiture dans la rue.

C'était celle de Rodolphe. Elle poussa un cri et s'évanouit.

Charles lui fit respirer un peu de vinaigre. Elle rouvrit les yeux.

– Parle-moi! lui disait-il. Parle! Remets-toi! C'est moi, ton Charles qui t'aime!

Il se pencha sur elle pour l'embrasser.

– Non, non...

Elle s'évanouit encore. On la porta sur son lit.

Pendant quarante-trois jours, Charles ne la quitta pas. Il abandonna tous ses malades; il ne se couchait plus. Il fit venir de Rouen le docteur Larivière, son ancien maître; il était désespéré. Ce qui l'effrayait le plus, c'était l'abattement[1] d'Emma; car elle ne parlait pas, n'entendait pas et semblait ne pas souffrir.

Vers le milieu d'octobre, elle put se tenir assise sur son lit, avec des oreillers derrière elle. Les forces lui revinrent; elle se levait quelques heures pendant l'après-midi et, un jour qu'elle se sentait mieux, Charles essaya de lui faire faire, à son bras, une petite promenade dans le jardin. Mais elle eut un malaise. Elle dut se recoucher. Charles était très inquiet et, en plus, le pauvre garçon avait des soucis d'argent. Lheureux, en effet, le harcelait. Il avait profité de la maladie d'Emma pour lui passer sa facture. Charles dut

---

1. Abattement : faiblesse, épuisement.

emprunter de l'argent et, malgré tout, tout ne fut pas payé.

L'hiver fut rude. La convalescence de madame fut longue. Au printemps, elle commença à aller mieux et fit de courtes promenades dans le jardin. Peu à peu, son état physique s'améliora.

Homais venait souvent prendre de ses nouvelles. Un jour, il conseilla à Charles de la mener au théâtre de Rouen voir un illustre ténor. Cette idée plut à Bovary. Il en parla à sa femme qui accepta.

Le lendemain, à huit heures, ils s'embarquèrent dans l'*Hirondelle*. Ils s'installèrent dans une auberge et, après le dîner, ils se rendirent au théâtre.

La première partie du spectacle plut beaucoup à Emma. À l'entracte, Charles alla lui chercher une boisson. Il eut grand-peine à regagner sa place.

– J'ai vraiment cru que j'y resterais ! dit-il à sa femme en arrivant. Il y a un monde !... un monde !...

Il ajouta :

– Devine un peu qui j'ai rencontré ? M. Léon !

– Léon !

– Lui-même ! Il va venir te saluer.

Et, comme il achevait ces mots, l'ancien clerc d'Yonville se présenta.

– Ah ! bonjour..., fit Emma. Comment ! vous

voilà ? Vous êtes donc à Rouen ?
- Oui.
- Depuis quand ?
- Je viens de m'installer pour deux ans.
Le spectacle recommençait. On se tut. Léon resta avec eux mais ils partirent avant la fin et allèrent tous trois s'asseoir sur le port, à la terrasse d'un café.
Léon fut désolé d'apprendre qu'ils repartaient le lendemain. Il aurait tant aimé se promener dans Rouen avec eux.
- Je ne peux pas m'absenter plus longtemps, fit Charles, mais rien n'empêche Emma de rester.
- C'est que..., balbutia-t-elle avec un étrange sourire, je ne sais pas trop...
- Eh bien, tu réfléchiras, nous verrons demain.
Puis il dit à Léon qui les raccompagnait à l'auberge :
- Maintenant que vous voilà de nouveau dans notre région, vous viendrez, j'espère, dîner chez nous.
Le clerc affirma qu'il viendrait très certainement et l'on se sépara au moment où onze heures sonnaient à la cathédrale.

TROISIÈME PARTIE

*L*E LENDEMAIN, vers cinq heures, Léon se présenta à l'auberge.
– Monsieur n'y est point, lui dit un serviteur.

Cela plut à Léon. Quand, la veille, il avait revu Emma après trois années d'absence, sa passion pour elle s'était réveillée. Il fallait, s'était-il dit, penser à la posséder.

Il monta chez elle.

– Vous vous êtes donc décidée à rester ? fit-il.

– Oui, répondit-elle, mais je ne sais si j'ai bien fait...

Ils se mirent à parler de la difficulté de vivre. De leur solitude. Léon lui déclara qu'il s'était énormément ennuyé pendant ces trois années d'études à Paris ; il ne se rappelait sans doute plus les dîners qu'il faisait après le bal avec des grisettes[1]. Elle aussi s'était beaucoup ennuyée ; elle avait peut-être oublié ses rendez-vous d'autrefois, quand elle courait le matin dans les herbes vers le château de son amant.

---

1. Grisette : fille de petite condition (souvent des ouvrières) aux mœurs faciles.

– Souvent, dit-il enfin, je vous écrivais des lettres qu'ensuite je déchirais.

Elle ne répondit pas. Il continua.

– J'imaginais quelquefois qu'un hasard vous amènerait à Paris ; j'ai cru vous reconnaître au coin des rues... Je n'ai jamais cessé de penser à vous... je vous ai tant aimée.

– Je le sais, dit Emma, je l'avais compris.

– Est-ce possible ? s'écria Léon. Qui nous empêche donc de recommencer ?

– Non, mon ami, répondit-elle. Je suis trop vieille... vous êtes trop jeune..., oubliez-moi ! D'autres vous aimeront..., vous les aimerez.

– Pas comme vous ! s'écria-t-il.

La nuit tombait.

– Qu'il est tard, mon Dieu, dit Emma ; comme nous bavardons !

Léon comprit qu'il devait partir.

– Il faut pourtant que je vous revoie avant votre départ pour Yonville.

– Je ne crois pas que ce...

– Je vous en prie, que je vous revoie..., une fois..., une seule...

– Pas ici ! fit Emma.

– Où vous voudrez.

Emma parut réfléchir et, d'un ton bref, elle dit :

– Demain, à onze heures, dans la cathédrale.

– J'y serai ! s'écria-t-il en saisissant ses mains.

Puis, comme elle baissait la tête, il se pencha

sur son cou et y déposa un baiser.
– Mais vous êtes fou! ah! vous êtes fou! dit-elle avec un petit rire.

Le lendemain, à onze heures, Léon l'attendait, un bouquet de fleurs à la main. Elle arriva enfin. Léon courut à sa rencontre. Il ne lui donna pas le temps de le saluer. Il lui saisit la main et l'entraîna dehors.

– Où allons-nous donc? disait-elle.

Il ne répondit pas. Un gamin s'amusait sur le parvis¹.

— Va me chercher un fiacre², lui dit-il.

— Ah! Léon!... Vraiment... je ne sais... si je dois! Ça ne se fait pas, savez-vous?

— Ça se fait à Paris! répliqua Léon.

Cette parole la détermina.

Le fiacre parut.

— Où Monsieur va-t-il? demanda le cocher*.

— Où vous voudrez! dit Léon en poussant Emma dans la voiture.

Et la lourde machine se mit en route.

Elle sortit de la ville et roula dans la campagne. On vit alors, au milieu du jour, à un moment où le soleil était au plus haut de sa course, une main nue rajuster rapidement un des petits rideaux de toile jaune. Vers six heures, on vit la voiture s'arrêter dans une rue de Rouen; une femme en descendit qui marchait à petits pas pressés, sans détourner la tête.

Quand Emma retourna à Yonville, Félicité l'attendait sur la place.

— Madame, aujourd'hui c'est jour de confitures, vous souvenez-vous? M. Homais a trouvé de belles groseilles³ et il veut que vous passiez les

---

1. Parvis : place située devant la façade de la cathédrale.
2. Fiacre : voiture à cheval qu'on loue pour un temps déterminé.
3. Groseilles : petits fruits rouges et blancs avec lesquels on fait des confitures.

voir, si cela vous intéresse.

Emma se rendit chez Homais. Quand elle entra dans la cuisine, elle trouva le pharmacien en train de crier après Justin.

– Qui t'avait dit d'aller la chercher dans le capharnaüm[1] ?
– Qu'y a-t-il ? demanda Emma.
– Ce qu'il y a ? répondit l'apothicaire. On fait des confitures, beaucoup même, et il manque une bassine. Je lui demande d'aller en chercher une et il va dans le capharnaüm !
– Calme-toi, disait Mme Homais.
– Laisse-moi ! criait le pharmacien. Sais-tu ce qui pouvait se passer ? Tu n'as rien vu, dans le coin, à gauche, sur la troisième étagère ?
– Je ne... sais pas, balbutia le jeune homme.
– Ah ! tu ne sais pas ! Eh bien, tu as vu une bouteille, en verre bleu, qui contient une poudre blanche, sur laquelle j'avais écrit : *Dangereux*! Et sais-tu ce qu'il y avait dedans ? De l'arsenic[2] ! Et tu vas prendre une bassine qui se trouve à côté !
– À côté ! s'écria Mme Homais en joignant les mains. De l'arsenic ! Tu pouvais tous nous empoisonner !

Justin alla rapporter la bassine et l'on se calma.

---

1. Capharnaüm : endroit qui renferme beaucoup d'objets en désordre.
2. Arsenic : poison très puissant.

Emma, se tournant vers Mme Homais, dit :
- On m'avait fait venir...
- Ah, oui! dit la brave femme. C'est pour vous dire de prendre toutes les groseilles que vous voudrez. Elles sont si bonnes cette année...
- Je vous remercie, j'enverrai Félicité les chercher... Bonsoir.

Le lendemain, Emma passa une mauvaise journée. Elle aurait aimé être avec Léon. Quand pourrait-elle le revoir ?

Lheureux se présenta. Emma lui commanda des étoffes ; pourtant les dettes[1] s'accumulaient, elle ne l'ignorait pas. Lheureux laissa faire.

Elle devenait de nouveau capricieuse. Elle voulait retourner à Rouen. Comment ?

Un soir, elle se mit à jouer du piano, ce qu'elle ne faisait plus depuis le début de son mariage. Charles l'écoutait.

- Bravo!... Tu joues très bien.
- Eh! non! Tu n'as pas vu comme j'hésite... c'est horrible! J'ai beaucoup perdu ! Ah ! si je pouvais reprendre des leçons.

Charles ne répondit rien. Mais tous les jours elle lui en reparlait. Il finit par accepter qu'elle aille prendre des cours à Rouen.

C'était le jeudi. Ce jour-là, Emma se levait de bon matin et arrivait à Rouen quand la ville

---

1. Dettes : argent que l'on doit.

s'éveillait. Elle se rendait aussitôt à l'hôtel où Léon l'attendait.

La chambre était chaude, agréable, gaie. Ils déjeunaient au coin du feu, buvaient du champagne. Ils s'offraient des cadeaux, luxueux, parfois.

Léon se mettait souvent par terre, devant elle et, les deux coudes sur les genoux, il la considérait avec un sourire. Elle se penchait alors vers lui et murmurait :

– Oh! ne bouge pas! ne parle pas! regarde-moi! Il sort de tes yeux quelque chose de si doux, qui me fait tant de bien!

Mais l'heure de partir sonnait.

Immobiles l'un devant l'autre, ils se répétaient :

– À jeudi!... À jeudi!

Tout à coup, elle lui prenait la tête dans ses deux mains, le baisait vite au front en s'écriant : « Adieu ! » et en s'élançant dans l'escalier.

Elle devint possessive. Parfois, pendant la semaine, elle trouvait un prétexte pour venir à Rouen, allait trouver Léon à son travail et l'obligeait à le quitter pour quelques heures.

Ce fut un grand bonheur, les premières fois ; mais bientôt Léon lui dit la vérité : en fait, son patron se plaignait beaucoup de ses absences.

Elle l'obligea à se vêtir tout en noir et à se laisser pousser la barbe. Il devait lui raconter tout ce qu'il avait fait depuis leur dernier rendez-vous.

Léon se sentait las[1].

Peu à peu, ils se mirent à parler plus souvent de choses indifférentes à leur amour. Leur passion s'étiolait[2].

Emma se promettait continuellement, pour son prochain voyage, un bonheur profond; puis elle s'avouait ne rien ressentir d'extraordinaire.

Léon aussi se détachait d'elle. D'ailleurs, il supportait de moins en moins ses caprices et le pouvoir qu'elle voulait exercer sur lui.

Lheureux revint la voir. Cette fois, c'était pour se faire payer. Les dettes étaient de plus en plus lourdes.

Elle pleura, elle l'appela même « son bon monsieur Lheureux » et elle le supplia d'attendre encore un peu. Il partit fâché.

Un soir qu'elle revenait de Rouen, où la journée avait été médiocre avec Léon, Félicité lui montra derrière la pendule un papier gris.

Elle lut. Elle avait vingt-quatre heures pour payer huit mille francs. Sinon, elle y serait contrainte par la saisie[3] de ses meubles et de ses effets[4].

Que faire?... C'était demain! Lheureux, pen-

---

1. Las : fatigué.
2. S'étioler : s'affaiblir, mourir doucement.
3. Saisie : décision de justice de prendre les biens d'une personne pour lui faire payer ses dettes.
4. Effets : linge, vêtements...

sait-elle, voulait l'effrayer, mais ce n'était pas vrai.
Elle se présenta chez lui d'un air dégagé.
– Vous savez ce qui m'arrive ? C'est une plaisanterie, sans doute !
– Non !
– Comment cela ?
Il se détourna et lui dit en croisant les bras :
– Pensiez-vous, ma petite dame, que j'allais être pendant des siècles votre fournisseur et votre banquier* ? Il est temps, ne croyez-vous pas, que je rentre dans mes fonds[1].
– Est-ce que vous ne pourriez pas...
– Non ! c'est fini ! Vous allez payer !
– Je vous promets, dit-elle, que...
– J'en ai assez de vos promesses ! Payez, entendez-vous !
Elle se dirigea vers la porte en sanglotant :
– Vous me désespérez !
– Je m'en moque pas mal ! dit-il en la poussant dehors et en refermant la porte.
Le lendemain, l'huissier vint, avec deux témoins, faire le procès-verbal de la saisie[2]. Charles était absent.
Quand ils furent partis, Emma alla à Rouen et se présenta chez tous les banquiers dont elle connaissait le nom. Elle leur demanda de l'argent.

---

1. Rentrer dans ses fonds : récupérer son argent.
2. Faire le procès-verbal de la saisie : dresser la liste des objets qui sont saisis par la justice.

Certains lui rirent au nez[1] ; tous refusèrent.

Elle courut chez Léon.

– Qu'est-ce qui t'amène ? demanda-t-il.

– J'ai besoin d'argent, tout de suite.

Elle lui raconta l'histoire de la saisie. Il lui dit qu'il n'avait pas d'argent. Elle le supplia d'en trouver. Il ne voyait pas comment.

– Si j'étais à ta place, moi, j'en trouverais bien !

– Où donc ?

– Chez ton patron !

Ses yeux flamboyaient. Il la crut folle et prit peur.

– Il faut que je parte, ma chérie, dit-il nerveusement. Je chercherai le moyen de t'aider. Excuse-moi, adieu !

Et il partit.

Elle retourna à Yonville.

Le lendemain, elle fut réveillée à neuf heures du matin par un bruit de voix sur la place. Il y avait un attroupement pour lire une grande affiche collée sur un mur.

– Madame ! Madame ! s'écria Félicité en entrant. C'est horrible !

Et la pauvre fille, émue, lui tendit un papier jaune qu'elle venait d'arracher à la porte. Emma lut en un clin d'œil que tous ses meubles étaient à vendre. Elle était désespérée. Soudain, elle se

---

1. Rire au nez (expression familière) : se moquer avec ironie.

frappa le front, poussa un cri, car le souvenir de Rodolphe, comme un éclair dans une nuit sombre, lui était apparu. Il était si bon, si généreux !

Elle partit aussitôt vers la Huchette.

Elle monta le large escalier et entra dans la chambre de Rodolphe.

Il était devant le feu en train de fumer une pipe.

– Tiens ! c'est toi ! dit-il en se levant brusquement.

– Oui, c'est moi !... Je voudrais, Rodolphe, te demander un conseil.

– Tu n'as pas changé, tu es toujours aussi charmante !

Elle soupira :

– Ô Rodolphe ! si tu savais !... je t'ai bien aimé !

Elle était ravissante à voir. Il l'attira sur ses genoux. Elle penchait son front ; il déposa un baiser sur ses paupières, tout doucement, du bout des lèvres.

– Mais tu as pleuré ! dit-il. Pourquoi ?

Elle éclata en sanglots.

– Eh bien !... je suis ruinée, Rodolphe ! Tu vas me prêter trois mille francs.

– Ah ! pensa Rodolphe, qui devint très pâle tout à coup, c'est pour cela qu'elle est venue !

Enfin, il dit d'un air très calme :

– Je ne les ai pas, chère madame.

Il ne mentait pas ; il venait de faire de gros achats.

Elle resta d'abord quelques minutes à le regarder :
— Tu ne les as pas !
Elle répéta plusieurs fois :
— Tu ne les as pas !... Tu ne m'as jamais aimée ! Tu ne vaux pas mieux que les autres. Moi, je t'aurais tout donné, j'aurais tout vendu pour toi !
— Je ne les ai pas ! répondit Rodolphe toujours avec calme.
Elle sortit. Les murs tremblaient, tout tremblait autour d'elle.
Elle voulut rentrer chez elle. Elle se sentait mal, très mal. Puis elle s'arrêta, elle regarda une dernière fois le château, se mit à rire nerveusement et courut comme une folle jusqu'au village.

Une fois arrivée devant la boutique du pharmacien, elle regarda par la fenêtre et vit qu'on dînait. Elle attendit. Soudain, elle vit sortir Justin. Elle se précipita vers lui :
— La clef ! lui dit-elle, celle d'en haut, celle du capharnaüm...
— Comment !
Et il la regardait, tout étonné par la pâleur de son visage.
— Je la veux ! Donne-la-moi. Il faut que je tue des rats qui m'empêchent de dormir...
— Je dois avertir Monsieur.
— Non, ce n'est pas la peine. Vite, ouvre-moi, je suis pressée.

Il la conduisit au capharnaüm et lui ouvrit la porte. Elle alla tout droit vers la troisième étagère, saisit la bouteille bleue, en arracha le bouchon et fit tomber dans sa main la poudre blanche qu'elle avala aussitôt.

– Arrêtez ! s'écria Justin en se jetant sur elle.

– Ne dis rien, tout retomberait sur ton maître.

Et elle s'en retourna chez elle, apaisée.

Quand Charles, bouleversé par la nouvelle de la saisie, était rentré à la maison, Emma venait d'en sortir. Il la chercha partout, ne la trouva pas et rentra chez lui à la tombée de la nuit.

Entre-temps, elle était revenue. Il monta dans sa chambre et la trouva couchée tout du long sur son lit. Elle dormait.

Une saveur âcre[1] qu'elle sentait dans sa bouche la réveilla. Elle entrevit Charles et ferma les yeux.

– Ah ! c'est bien peu de chose, la mort ! pensa-t-elle. Je vais mourir, et tout sera fini !

Cet affreux goût d'encre continuait.

– J'ai soif !... Oh ! j'ai bien soif ! soupira-t-elle.

– Qu'as-tu donc ? dit Charles qui lui tendait un verre.

– Ce n'est rien !... Ouvre la fenêtre... j'étouffe !

Il la questionna ; elle ne répondit pas.

Elle sentait un froid de glace qui lui montait des pieds jusqu'au cœur.

---

1. Âcre : qui irrite la gorge.

– Ah! voilà que ça commence! murmura-t-elle.
– Que dis-tu?
Elle se mit à vomir. Charles remarqua qu'il y avait au fond de la cuvette une sorte de poudre blanche.
– C'est extraordinaire! c'est étrange! répéta-t-il.
Mais elle dit d'une voix forte :
– Non, tu te trompes!
Alors, délicatement, il lui passa la main sur l'estomac. Des gouttes de sueur apparurent sur ses tempes. Elle claquait des dents. Elle gémissait. Soudain, un hurlement sourd lui échappa. Des convulsions[1] la saisirent; elle s'écria :
– Ah! c'est atroce, mon Dieu!
Charles se jeta à genoux contre le lit.
– Parle! qu'as-tu mangé? Réponds, au nom du ciel!
– Eh bien, là..., là..., dit-elle d'une voix très faible.

---

1. Convulsions : secousses qui agitent violemment le corps.

Il vit le secrétaire[1]. Il y avait une lettre. Il la prit et lut tout haut : « Qu'on n'accuse personne... » puis il vit le mot « empoisonnée ».

Il perdit la tête. Il fit venir Homais qui lui conseilla d'appeler le docteur Larivière.

Pendant ce temps, Emma allait de plus en plus mal. Elle commença à vomir du sang. Elle souffrait atrocement. Charles devenait fou. Le docteur Larivière arriva enfin. Il monta aussitôt la voir.

– Elle est bien mal, n'est-ce pas ? fit Charles. Que pouvez-vous faire ? Trouvez quelque chose, vous qui avez sauvé tant de vies !

Le docteur le contempla tristement.

– Allons, mon pauvre garçon, du courage ! Il n'y a plus rien à faire.

Emma se mit alors à hurler et à se tordre de douleur. Puis, plus rien : elle se tut et demeura immobile. Le docteur et Charles s'approchèrent. Elle n'existait plus.

---

1. Secrétaire : meuble à tiroirs où l'on range des papiers.

Le monde du travail

Apothicaire : pharmacien.

Aubergiste : personne qui tient une auberge.

Banquier : homme qui dirige une banque ; personne qui fournit de l'argent à quelqu'un.

Bonne : servante.

Clerc de notaire : employé d'un notaire.

Cocher : conducteur d'une voiture à cheval.

Filature : usine où l'on fabrique du fil.

Fournisseur : commerçant, marchand.

Huissier : officier ministériel chargé de faire savoir et de mettre à exécution les décisions prises par la justice (une saisie, par exemple).

Marchand d'étoffes : vendeur de toutes sortes de tissus pour faire des habits, des rideaux.

Menuisier : homme qui travaille le bois.

Notaire : officier public chargé de donner un caractère d'authenticité à tous les actes et contrats qui se font en sa présence.

Nourrice : femme qui allaite un bébé, puis qui l'élève.

Préfet : fonctionnaire placé à la tête d'une région.

QUESTIONS POUR COMPRENDRE

Première partie

1. Quel était le caractère de la première femme de Charles ?
2. Quelle impression Emma Rouault fit-elle sur Charles ?
3. Quelle fut la cause de la mort de la première femme de Charles ?
4. Comment la noce de Charles et d'Emma se déroula-t-elle ?
5. Quels furent les sentiments d'Emma à l'égard de son mari, peu après son mariage ?
6. Quel fut le grand événement qui eut lieu dans la vie d'Emma à la fin du mois de septembre ?
7. Que se passa-t-il pour Emma après son retour du château de la Vaubyessard ?
8. En quoi Emma devint-elle capricieuse ?
9. Quelle décision Charles prit-il en voyant l'état de santé de sa femme ?

Deuxième partie

1. Que firent Charles et Emma le soir de leur arrivée à Yonville ?
2. Pourquoi Emma et Léon se sont-ils bien entendus dès leur première rencontre ?
3. Quelle fut la réaction d'Emma le jour de la naissance de sa fille ?
4. Comment les soirées du dimanche, chez Homais, se déroulaient-elles ?
5. Que découvrit Emma le dimanche de février où elle alla visiter la filature de lin ?
6. Pourquoi Léon décida-t-il de quitter Yonville ?
7. Après le départ de Léon, comment Emma réagit-elle ?
8. Quelles furent les pensées de Rodolphe envers Emma lors de leur première rencontre ?
9. Que se passa-t-il entre Rodolphe et Emma quand ils firent leur première promenade à cheval ?
10. Que décida de faire Emma pour pouvoir vivre son amour avec Rodolphe sans avoir à se cacher ?
11. Après avoir lu la lettre de rupture de Rodolphe, que fut tentée de faire Emma dans le grenier ?
12. Pendant la longue maladie d'Emma, pourquoi peut-on affirmer que Charles aimait beaucoup sa femme ?

Troisième partie

1. Pourquoi Homais était-il en colère contre Justin, quand Emma arriva chez lui ?
2. Quel moyen Emma inventa-t-elle pour se rendre régulièrement à Rouen ?
3. Pourquoi Léon se détacha-t-il d'Emma ?
4. Pourquoi les meubles d'Emma risquaient-ils d'être saisis ?
5. À qui Emma s'adressa-t-elle pour trouver de l'argent ? Que se passa-t-il ?
6. Quand Emma, déçue par les réactions de ses amants, rentra à Yonville, que fit-elle pour en finir avec ses problèmes ?

Édition : Martine Ollivier
Couverture : Fernando San Martin
Illustrations : Conrado Giusti
Coordination artistique : Catherine Tasseau
Réalisation PAO : Marie Linard

Crédits photos :
Couverture : kharchenkoirina/Adobe Stock
Page 3 : par NADAR / Archives Nath

Imprimé en France en février 2023 par la Nouvelle Imprimerie Laballery, 58500 Clamec
N° de projet : 10291652 - N° d'impression : 302402
Dépôt légal : janvier 2019

La Nouvelle Imprimerie Laballery est titulaire de la marque Imprim'Vert®